D1993047

Duden Schülerhilfen

Wortschatz 4. Klasse

Wörterlisten und Übungen

Nach den seit 1.8.2006 verbindlichen Rechtschreibregeln.

Bibliografische Information der Deutschen Nationalbibliothek
Die Deutsche Nationalbibliothek verzeichnet diese Publikation
in der Deutschen Nationalbibliografie; detaillierte bibliografische
Daten sind im Internet über http://dnb.ddb.de abrufbar.

Das Wort **Duden** ist für den Verlag
Bibliographisches Institut & F. A. Brockhaus AG
als Marke geschützt.

Redaktion: Katja Schüler
Lektorat: Kattrin Stier, Aying
Layout: Sigrid Hecker, Mannheim
Umschlagkonzept: Bender & Büwendt, Berlin
Satz und Herstellung: Katrin Kleinschrot, Stuttgart
Druck und Bindung: Heenemann GmbH & Co., Berlin
Printed in Germany
ISBN 978-3-411-06353-6

Duden Schülerhilfen

Wortschatz 4. Klasse

Wörterlisten und Übungen

von Ulrike Holzwarth-Raether
und Annette Raether

mit Illustrationen von Judith Arndt

Felix Kinnel

Dudenverlag
Mannheim · Leipzig · Wien · Zürich

Inhaltsverzeichnis

Jetzt geht es los ...

Die Arbeit mit diesem Buch

In diesem Buch stehen ungefähr 800 Wörter, die du häufig benutzt und schreibst. Es sind natürlich nicht alle. Es können gar nicht alle sein, weil die „Wort-Schätze" der Menschen verschieden sind. Außerdem entstehen in einer Sprache ständig neue Wörter. Man lernt also in der Rechtschreibung nie aus. Das Buch soll dich unterstützen, die sehr gebräuchlichen Wörter sicher schreiben zu lernen.

Das Buch besteht aus 16 Kapiteln zu Themen aus deiner Umgebung. Auf der ersten Seite jedes Kapitels stehen die Lernwörter. Die Wörter in den Überschriften gehören übrigens auch dazu. Bei vielen Nomen gibt es eine männliche und eine weibliche Form. In den Listen ist immer nur eine davon aufgeführt. Die andere kannst du jeweils selbst ableiten. Auf den folgenden Seiten untersuchst du die Lernwörter nach Schwierigkeiten und erledigst verschiedene Übungsaufgaben. Im letzten Kapitel stehen die so genannten „kleinen Lernwörter", die in jede Liste passen würden und deswegen hinten zusammengefasst sind.

In jedem Kapitel gibt es Forscheraufgaben zu den Lernwörtern. Hier musst du ganz genau hinschauen und überlegen. Diese Aufgaben sind mit einer Lupe gekennzeichnet.

Bei allen Übungen musst du immer wieder die Liste der Lernwörter zur Hand nehmen. Vergiss dabei die Wörter in den Überschriften nicht.

Du kannst die Aufgaben sofort im Buch bearbeiten. Hierfür benutzt du am besten einen weichen, aber spitzen Bleistift. Einen Marker brauchst du auch.

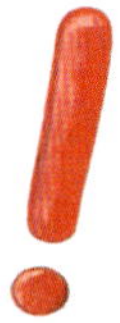

Das Ausrufezeichen steht bei besonders kniffeligen Aufgaben.

Auf Seite 72 findest du weitere Übungsaufgaben und erfährst, wie du die Lernwörter aus allen Listen mit einer Übe-Dose üben kannst.

Auf Seite 73 kannst du noch einmal nachlesen, wie man ein Wort Schritt für Schritt richtig aufschreibt.

Ab Seite 74 findest du die Lösungen zu den Aufgaben. Hier kannst du selbstständig überprüfen, ob du alles richtig gemacht hast, und dir beim Korrigieren Hilfe holen.

Auf den letzten beiden Seiten sind die Fachbegriffe der Grammatik, die im Buch benutzt werden, auf Lateinisch und Deutsch aufgeführt.

So arbeitest du mit jedem Kapitel

1. Lies die Lernwörterliste durch. Fallen dir noch mehr Wörter zu diesem Thema ein?

2. Untersuche die Lernwörter auf der Pinnwand und folge den Arbeitsanweisungen Schritt für Schritt.

3. In den Übungen Nummer 2 und 3 musst du nachdenken und kombinieren. Die Lernwörterliste hilft dir dabei.

4. In der Übung Nummer 4 beschäftigst du dich noch einmal mit der ganzen Lernwörterliste. Dabei arbeitest du mit einem Marker.

Üben, üben, üben

Wenn du durch deine Arbeit mit diesem Buch Erfolg haben willst, dann ist es gut, wenn du etwas über das Üben weißt.

Üben funktioniert besser,

… wenn dir bewusst ist:	Ich muss üben.
… wenn du weißt:	Ich habe ein Ziel.
… wenn du dich entschließt:	Ich will üben und durchhalten.
… wenn dir klar ist:	Ich muss bestimmte Zeiten einplanen.
… wenn du dir vornimmst:	Ich übe regelmäßig.
… wenn du dir sagst:	Ich mache regelmäßig Pausen.
… wenn dir jemand sagt:	Ich unterstütze dich und du bist toll!

Arbeit und Berufe

die Angestellte
anstrengend
arbeiten
arbeitslos
arm
die Ärztin
die Ausbildung
automatisch
der Azubi
der Bäcker
der Bauer
der Betrieb
sich beschäftigen
das Büro
die Chefin
der Dienst
der Erfolg
sich erholen
die Fabrik
faulenzen
der Feierabend

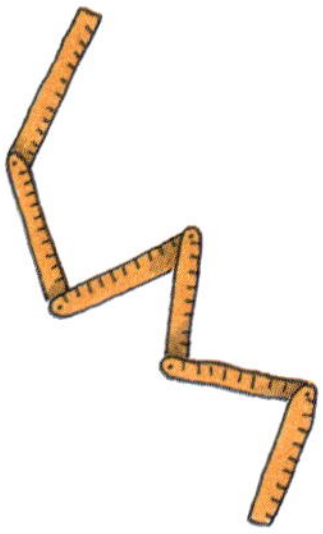

fertig
die Firma
die Freizeit
das Gehalt
das Geschäft
gründlich
der Handwerker
herstellen
die Industrie
der Job
der Kollege
können
die Kündigung
leisten
der Lohn
die Maschine
das Material
ordentlich
die Polizistin
reich
die Rente
reparieren
die Sekretärin
streiken
trödeln
der Urlaub
verdienen
der Verkäufer
die Werkstatt

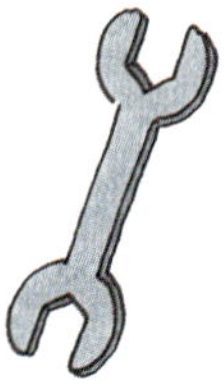

1. Untersuche die Lernwörter.

laut lesen und Silbenbögen malen

schwierige Stellen markieren

über Schwierigkeiten nachdenken

arbeiten	arm
beschäftigen	erholen
fertig	das Geschäft
der Kollege	der Lohn
das Material	ordentlich
der Urlaub	die Ausbildung
der Dienst	der Betrieb
der Feierabend	faulenzen
die Angestellte	der Verkäufer
trödeln	reparieren

WÖRTER UNTERSUCHEN

2. Ordne die Wörter der Länge nach in die Kästchen ein.

arm, streiken, Werkstatt, fertig, Büro, trödeln, reich, Handwerker

Welches ist das längste Wort in der Liste der Lernwörter?

....

3. Welche Lernwörter sind mit diesen Wörtern verwandt? Trage die Lernwörter in die farbig passenden Kästen ein.

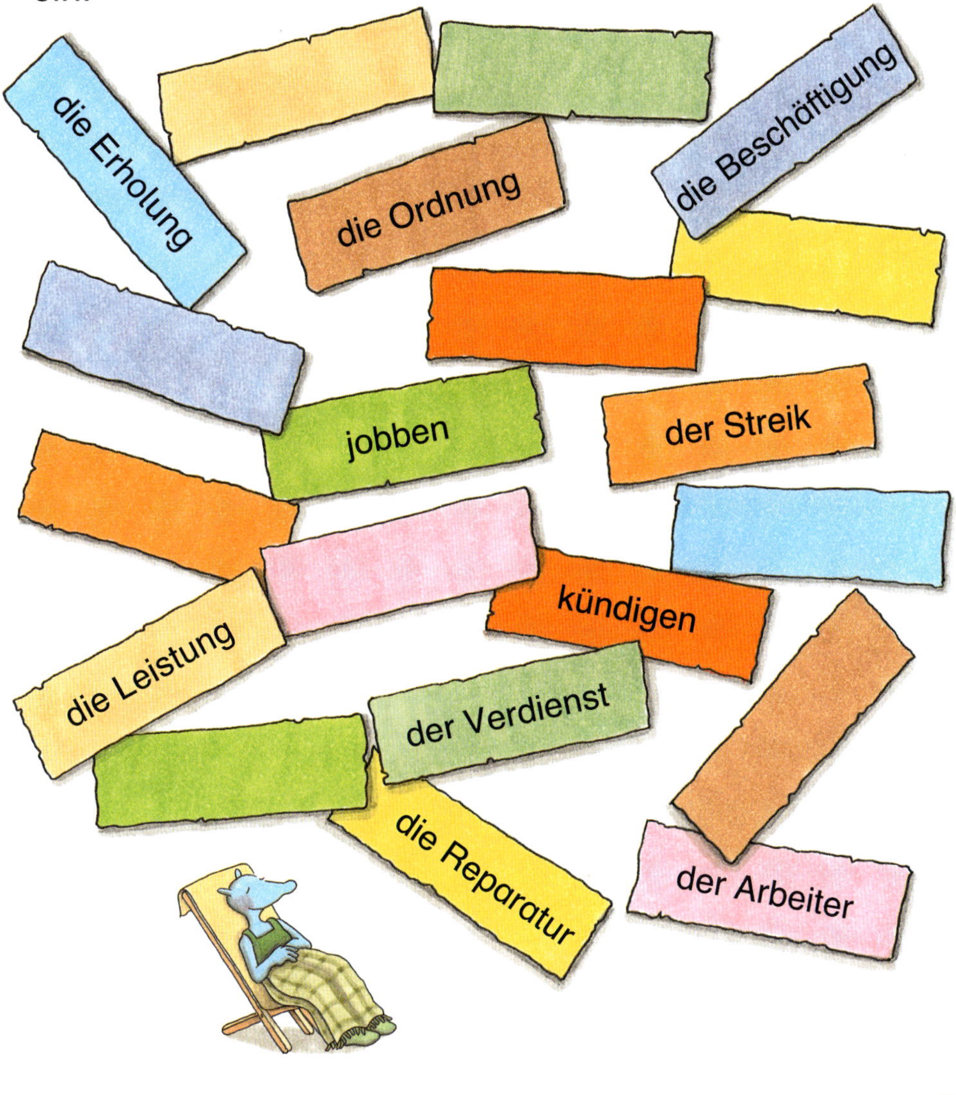

4. Verben in der Grundform enden immer mit -n oder -en. Suche die Verben in der Wörterliste und markiere dieses Merkmal.

Hunger und Durst

backen
bitter
braten

das Brot
die Butter
das Ei

essen
fett
das Fleisch
frühstücken
die Gabel
das Gemüse
der Geschmack
das Getränk
das Glas
der Honig
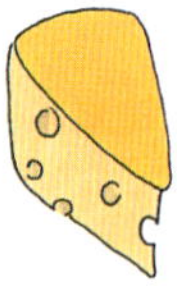
der Käse
kauen
kochen
der Löffel
mager
die Mahlzeit
die Marmelade
das Mehl
das Messer
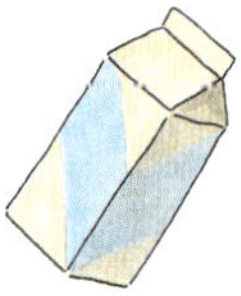
die Milch
mild
naschen
die Nudel

das Obst

die Pfanne
probieren
der Reis

der Saft
der Salat
das Salz
satt
sauer
scharf
die Schokolade
die Schüssel
süß
der Supermarkt
die Tasse
der Tee
der Teller
der Topf
trinken
die Wurst
der Zucker

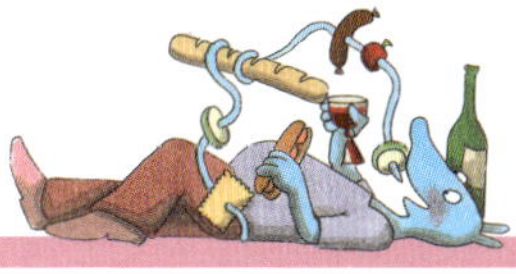

1. Untersuche die Lernwörter.

laut lesen und Silbenbögen malen

schwierige Stellen markieren

über Schwierigkeiten nachdenken

backen	frühstücken
bitter	fett
der Geschmack	essen
die Marmelade	das Glas
die Pfanne	probieren
mild	die Schokolade
die Schüssel	das Salz
der Zucker	scharf
der Durst	süß
das Mehl	trinken

WÖRTER UNTERSUCHEN

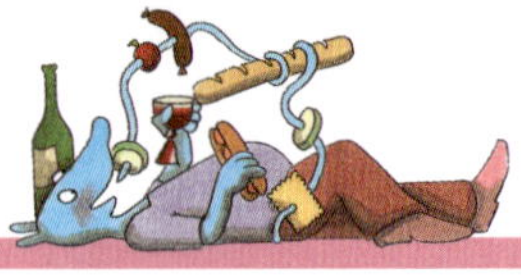

2. Welche Lernwörter findest du in den Sätzen? Markiere sie. Schreibe sie nach Wortarten geordnet auf.

Ich backe mit Mehl, Butter und Eiern einen Kuchen.
Eine Tasse Tee tut gut, wenn's draußen kalt ist.
Ein schrecklicher Geschmack: saure Milch!
Er probiert Käse mit Marmelade.
Wurst ist mir oft zu fett.
Sie streut Zucker statt Salz
aufs Frühstücksei.
Süße Sachen esse
ich lieber als saure.

Nomen

....

....

....

Verben

....

....

Adjektive

....

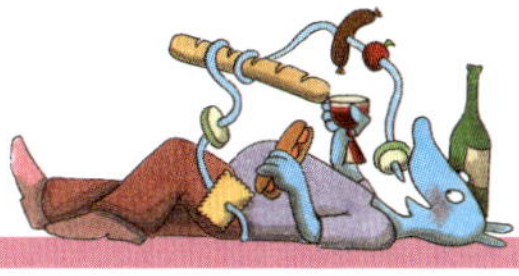

3. Suche in der Liste der Lernwörter Gegensatzpaare und trage sie ein.

4. Mit dem Wortbaustein -ig kann man Adjektive aus Nomen bilden. Markiere in der Liste die Nomen, mit denen das möglich ist.

Familie und Verwandtschaft

adoptieren
ähnlich
alt
das Baby

die Beerdigung
der Bruder
der Cousin
die Eltern
der Enkel
sich erinnern
erwachsen
erziehen
feiern
das Fest

die Frau
die Geschwister
die Großeltern

helfen
heiraten
die Hochzeit
die Jugend

jung
das Kind
die Kusine/Cousine
lieben
der Mann

die Mutter
der Name
der Onkel
die Scheidung
die Schwester
der Sohn
der Stiefvater
die Stiefmutter
streiten
die Tante
die Tochter
trösten
die Urgroßeltern
der Vater
verheiratet
verschieden
versorgen
vertrauen

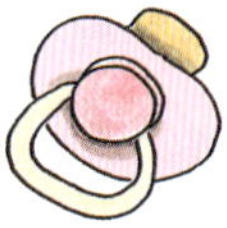

verwandt
der Vorfahre
die Waise
die Witwe
zusammen
die Zwillinge

1. Untersuche die Lernwörter.

2. Die gesuchten Wörter stehen in der Wörterliste. Die Buchstaben in den markierten Feldern ergeben das Lösungswort.

Meine Eltern, meine Geschwister und ich sind eine

□□□□□□□.

Mit meinem 18. Geburtstag bin ich

□□□□□□□□□.

Wenn meine Eltern Zeit haben, machen wir etwas

□□□□□□□□.

Die Tochter meiner Tante ist meine

□□□□□□.

Geschwister sehen sich oft

□□□□□□□.

Meine Schwester und ihr Freund sind nicht

□□□□□□□□□□□.

Mit Fotos kann man sich gut an früher

□□□□□□□□.

heißt das Lösungswort!

3. Suche in der Lernwörterliste alle Wörter heraus, die mit diesen Wortbausteinen beginnen, und trage sie ein.

4. Nach einem kurz gesprochenen Vokal wird der folgende Konsonant meistens verdoppelt. Suche dafür Beispiele in der Wörterliste. Markiere sie. Setze in jedem Wort einen Punkt unter den kurzen Vokal.

Haustiere und Nutztiere

das Aquarium
der Bauernhof
beißen
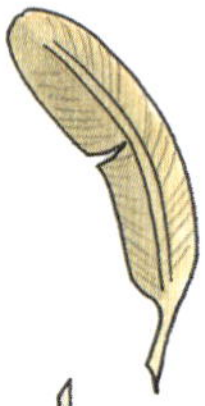
bellen
bürsten
fauchen
die Feder
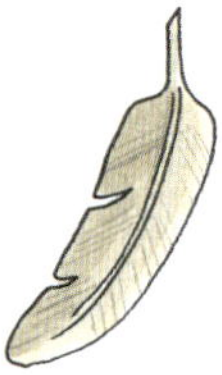
das Fell
der Fisch
flattern
fliegen
die Flosse
der Flügel
fressen

das Futter
füttern
der Hahn
der Hamster
das Huhn
der Hund
der Käfig
das Kaninchen
die Katze
klettern
knurren
krähen

die Kralle
kratzen
kriechen
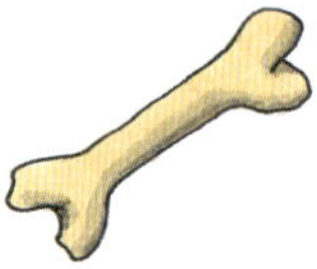
die Kuh
lecken
die Maus
das Meerschweinchen
das Nest
das Pferd
die Pfote
quieken
säubern
das Schaf
scheu
der Schnabel
schnurren
der Schwanz
das Schwein
schwimmen

der Stall
streicheln
der Vogel
wild
zahm

1. Untersuche die Lernwörter.

2. Leite die Grundform ab. Schreibe in Silben auf und begründe.

	kommt von →		deshalb →
sie schnurrt			
er schwimmt			
er bellt			
es frisst			
er knurrt			

Wer tut was? Verwende die Lernwörter.

....

....

....

....

....

3. Schreibe Singular und Plural der Lernwörter auf.
Achte auf die Umlaute.

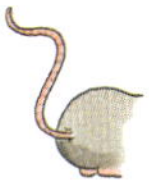 ein ....  viele ....

 ein ....  viele ....

 ein ....  viele ....

 eine ....  viele ....

 ein ....  viele ....

 eine ....  viele ....

 ein ....  viele ....

4. Suche in der Liste der Lernwörter alle Nomen mit den Wortbausteinen -el oder -er am Wortende. Markiere sie in verschiedenen Farben.

Information und Unterhaltung

aktuell
ansagen
die Anzeige
beliebt
berichten
der Brief

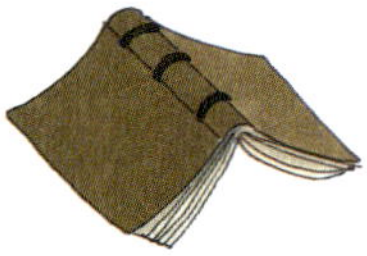

das Buch
chatten
der Computer
die E-Mail
falsch
fernsehen

der Film
das Flugblatt
das Handy
die Illustrierte
sich informieren
interessant
das Internet
das Interview
das Kino
kritisch
die Kultur
langweilig

mailen
die Meinung

die Musik
die Nachricht
die Politik
das Radio
der Redakteur
der Reporter
richtig
die Sendung
spannend
der Spaß
der Sport
sprechen
der Star
surfen
die Talkshow
das Telefon
treffen
sich verständigen
das Video

wahr
die Werbung
die Wirtschaft
die Zeitschrift
die Zeitung

1. Untersuche die Lernwörter.

laut lesen und Silbenbögen malen

schwierige Stellen markieren

über Schwierigkeiten nachdenken

- interessant
- beliebt
- die Politik
- der Reporter
- surfen
- wahr
- chatten
- informieren
- aktuell
- die Zeitschrift
- die Anzeige
- fernsehen
- langweilig
- spannend
- sprechen
- die Wirtschaft
- der Computer
- die Werbung
- treffen
- der Brief

WÖRTER UNTERSUCHEN

2. Trenne die Lernwörter durch Striche und schreibe sie auf. Wie viele Nomen, Adjektive und Verben hast du gefunden?

KULTURWAHRTREFFENSPORTKINORICHTIG

Nomen ☐
Adjektive ☐
Verben ☐

MUSIKFALSCHANSAGENINTERESSANTSTAR

Nomen ☐
Adjektive ☐
Verben ☐

COMPUTERKRITISCHAKTUELLMAILENBELIEBT

Nomen ☐
Adjektive ☐
Verben ☐

3. In der Lernwörterliste stehen viele Geräte und Medien, zum Beispiel der Computer und die Zeitschrift. Was benutzt du oft und was selten? Trage ein.

Ich benutze nie: ....

....

....

Ich benutze selten: ....

....

....

Ich benutze oft: ....

....

....

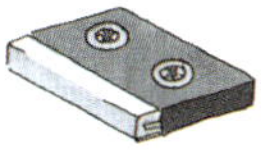

Ich benutze täglich: ....

....

....

4. Markiere alle Lernwörter, die aus der englischen Sprache kommen. Weißt du, was sie bedeuten?

Jahr und Zeit

abends
anfangen
der April
aufhören
der August
das Datum
dauern

der Dezember
der Dienstag
der Donnerstag
der Februar
der Feiertag
der Freitag

früh
der Frühling
der Geburtstag
die Gegenwart
gestern
der Herbst
heute
der Januar
der Juli
der Juni
der Kalender

der Mai
der März
die Minute

mittags
der Mittwoch
der Monat
der Montag
morgens
nachts
der November
der Oktober
pünktlich
der Samstag
die Sekunde
der September
der Sommer
der Sonntag
spät
die Stunde
der Tag
die Uhr

die Vergangenheit
der Winter
die Woche
die Zukunft

1. Untersuche die Lernwörter.

- laut lesen und Silbenbögen malen
- schwierige Stellen markieren
- über Schwierigkeiten nachdenken

- abends
- der Dienstag
- dauern
- der Geburtstag
- das Datum
- die Uhr
- früh
- die Stunde
- der Feiertag
- spät
- die Gegenwart
- die Sekunde
- die Zukunft
- pünktlich
- nachts
- die Vergangenheit
- heute
- morgens
- die Minute
- mittags

WÖRTER UNTERSUCHEN

2. Löse das Rätsel mit den Lernwörtern.

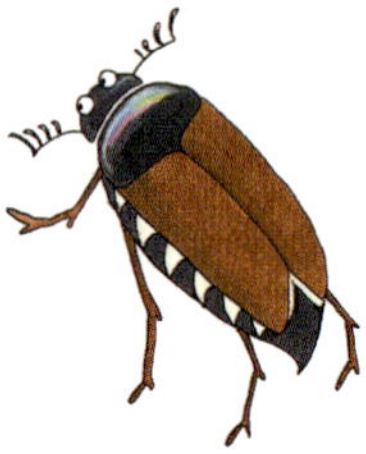

Welcher Monat ist der kürzeste?

....

Was liegt zwischen Vergangenheit und Zukunft?

....

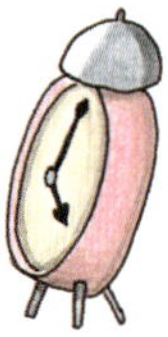

Was war gestern „morgen“?

....

Welche Monate unterscheiden sich nur durch einen Buchstaben?

....

Welcher Wochentag ist der lauteste?

....

Wie heißt das Gegenteil von früh?

....

Welche Jahreszeit kommt nie zu spät?

....

3. Achte bei Zeitangaben auf die Groß- und Kleinschreibung. Ergänze die entsprechenden Lernwörter. Markiere, was sich am Wortanfang und am Wortende verändert.

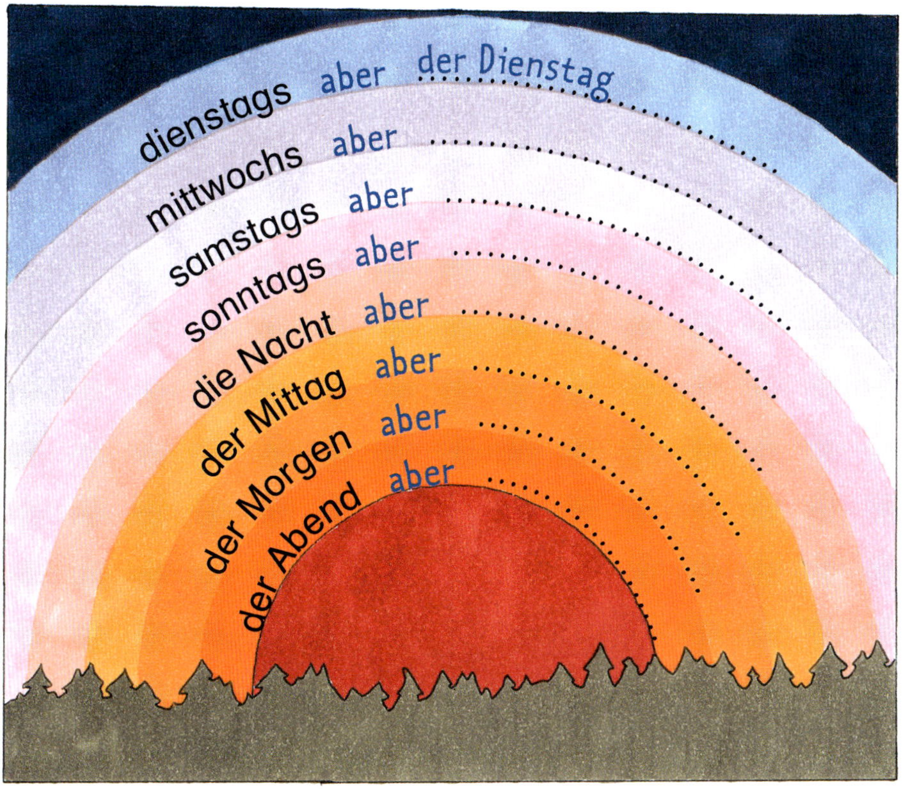

4. Mit den Wortbausteinen nach- und Vor-/vor- am Anfang kannst du neue Zeitangaben bilden. Markiere die Lernwörter, mit denen das möglich ist. Vergiss die Überschrift nicht.

Kleidung und Textilien

anziehen
bequem
binden
die Bluse
eng
der Faden

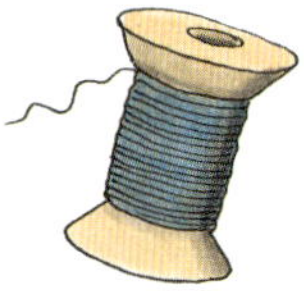

groß
der Gürtel
das Hemd
die Hose
die Jacke
das Kleid
klein

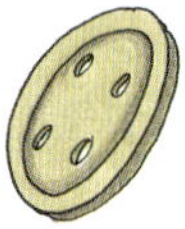

der Knopf
der Kragen

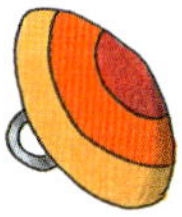

die Kunstfaser
kurz
lang
der Mantel
die Mode
die Mütze
die Nadel
nähen
neu
passen

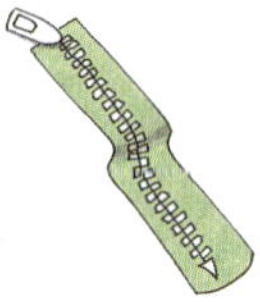

der Pulli
der Reißverschluss
der Rock
die Sandale
sauber
der Schal
die Schere
schmutzig
schneiden
der Schuh
die Socke
sticken

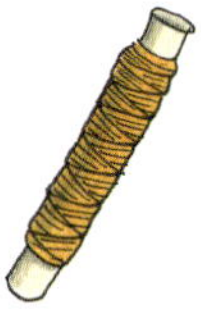

der Stiefel
der Stoff
stricken
der Strumpf
die Tasche
tragen
das T-Shirt
das Tuch
die Unterwäsche
weben
weich
weit
die Wolle

1. Untersuche die Lernwörter.

2. Löse das Kreuzworträtsel mit den Lernwörtern.

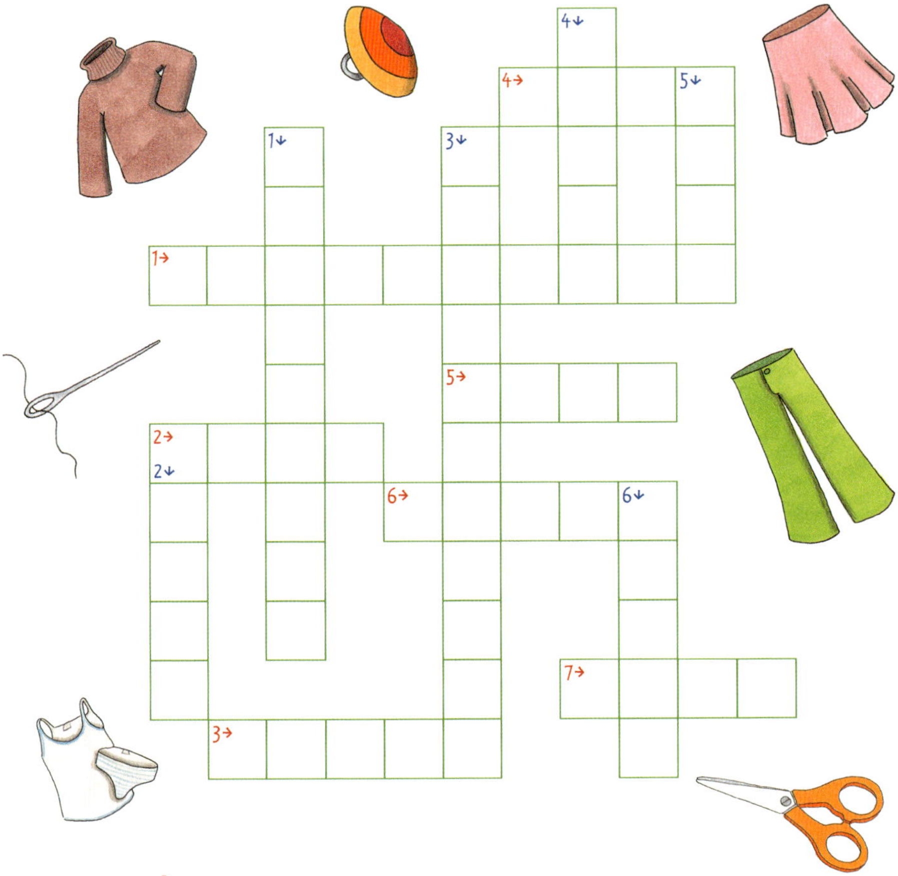

waagerecht →

1. Ungewaschene Hände sind .... Hände. – 2. Rapperhosen sind so. – 3. Produkt vom Schaf – 4. Man bindet es sich um den Hals. – 5. Schotten und Mädchen tragen es. – 6. verbinden von Stoffstücken – 7. unter einem Anzug zu tragen

senkrecht ↓

1. mit einer Schere arbeiten – 2. Gegenteil von hart – 3. wird unter der Oberbekleidung getragen – 4. ein Kleidungsstück mit zwei „l" – 5. Die gibt es in kurz oder lang für Mädchen und Jungen. – 6. Werkzeug zum Nähen

3. Bilde mit Wörtern der Liste zusammengesetzte Nomen. Achte auf die Veränderungen.

....	+	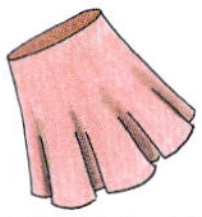	=	....
tragen	+	....	=	....
....	+	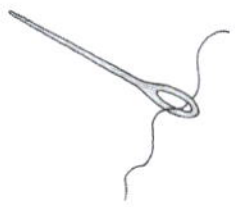	=	....
Wolle	+	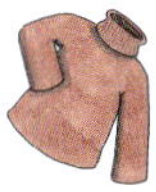	=	....
stricken	+	....	=	....
....	+	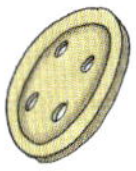	=	....
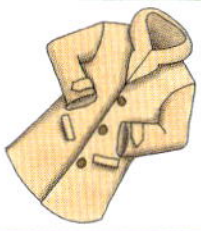	+	....	=	....

4. Suche Lernwörter mit dem Wortbaustein -el am Wortende. Markiere ihn. Um welche Wortart handelt es sich bei diesen Wörtern?

Körper und Gesundheit

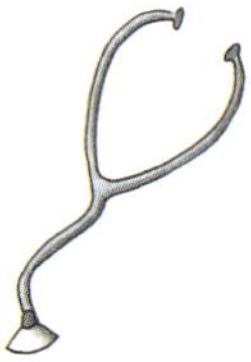

der Arm
der Arzt
atmen
das Auge
der Bauch
das Bein
das Blut
die Brust
dick
dünn
das Fieber
der Finger
fühlen
der Fuß
die Geburt
das Gesicht
gesund
die Haare
der Hals
die Hand
die Haut

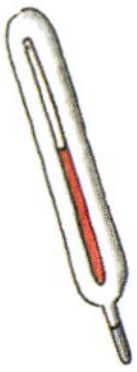

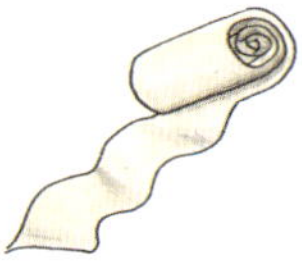

hören
der Junge
das Knie
der Kopf
krank
leiden
liegen
das Mädchen
die Medizin
der Mund
die Nase
das Ohr
die Operation
der Penis
das Pflaster
pflegen
der Po
riechen
der Rücken
die Scheide
schlafen
schmecken
der Schmerz
sehen
sterben
der Verband
die Wunde
der Zahn
die Zunge

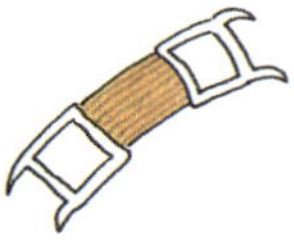

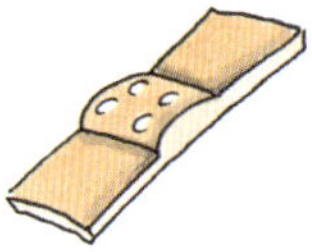

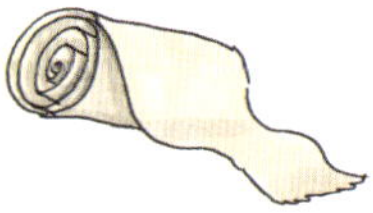

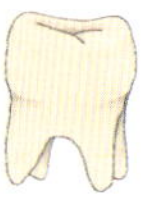

1. Untersuche die Lernwörter.

2. In jeder Gruppe passt ein Wort nicht. Suche es heraus und schreibe es auf.

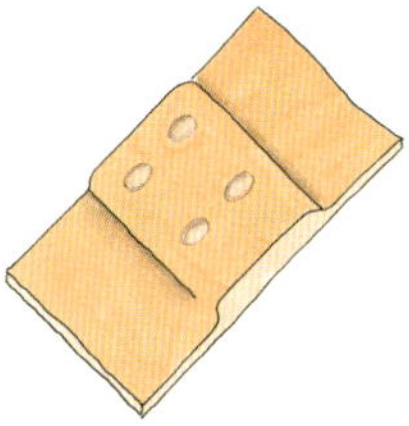

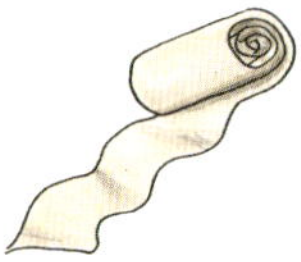

dick
dünn
krank
gesund
Wunde

....

pflegen
Zahn
riechen
fühlen
sehen

....

Verband
Gesicht
Rücken
Penis
Scheide

....

Ohren
Nase
Hals
Gesicht
Kopf

....

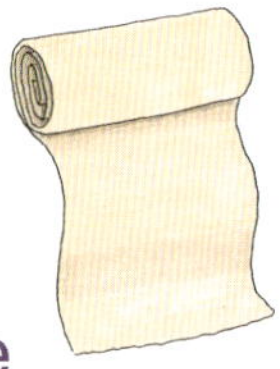

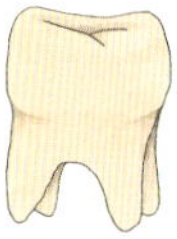

Fuß
Haare
Ohr
Zahn
Bein

....

Nase
Pflaster
riechen
Verband
Wunde

....

Geburt
Haut
Medizin
Gesicht
Blut

....

3. Bei den folgenden Wörtern kannst du nicht genau hören, wie das Wort am Wortende geschrieben wird. Verlängern hilft! Bilde bei Nomen den Plural oder steigere das Adjektiv.

die Han ☐	die ☐ ☐	also ☐
der Verban ☐	die ☐ ☐ ☐	also ☐
der Mun ☐	die ☐ ☐	also ☐
der Hal ☐	die ☐ ☐	also ☐
der Schmer ☐	die ☐ ☐	also ☐
gesun ☐	☐ ☐ ☐	also ☐

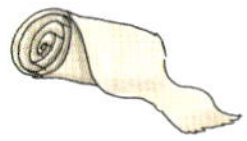

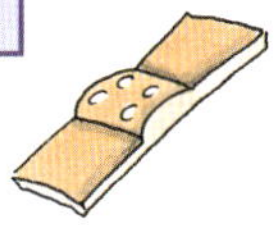

4. ie, h und Doppelvokale sind Dehnungszeichen. Suche in der Liste Beispiele dafür. Kreise sie mit den entsprechenden Farben ein.

Liebe und Gefühle

ängstlich
ärgern
sich aufregen
berühren
bitten
böse
danken
eifersüchtig
einsam
enttäuscht
sich freuen
die Freundin
friedlich
fröhlich
sich fürchten
geduldig
die Gewalt
glücklich
hassen
hoffen
jammern

jubeln
kuscheln
küssen
lachen
lieben
lustig
mutig
neidisch
quälen
schenken
schmusen
schrecklich
schüchtern
spüren
stolz
der Streit
tapfer
die Träne
träumen
traurig
sich trennen
treu
verliebt
sich vertragen
verzeihen
weinen
wütend
zärtlich
zittern

1. Untersuche die Lernwörter.

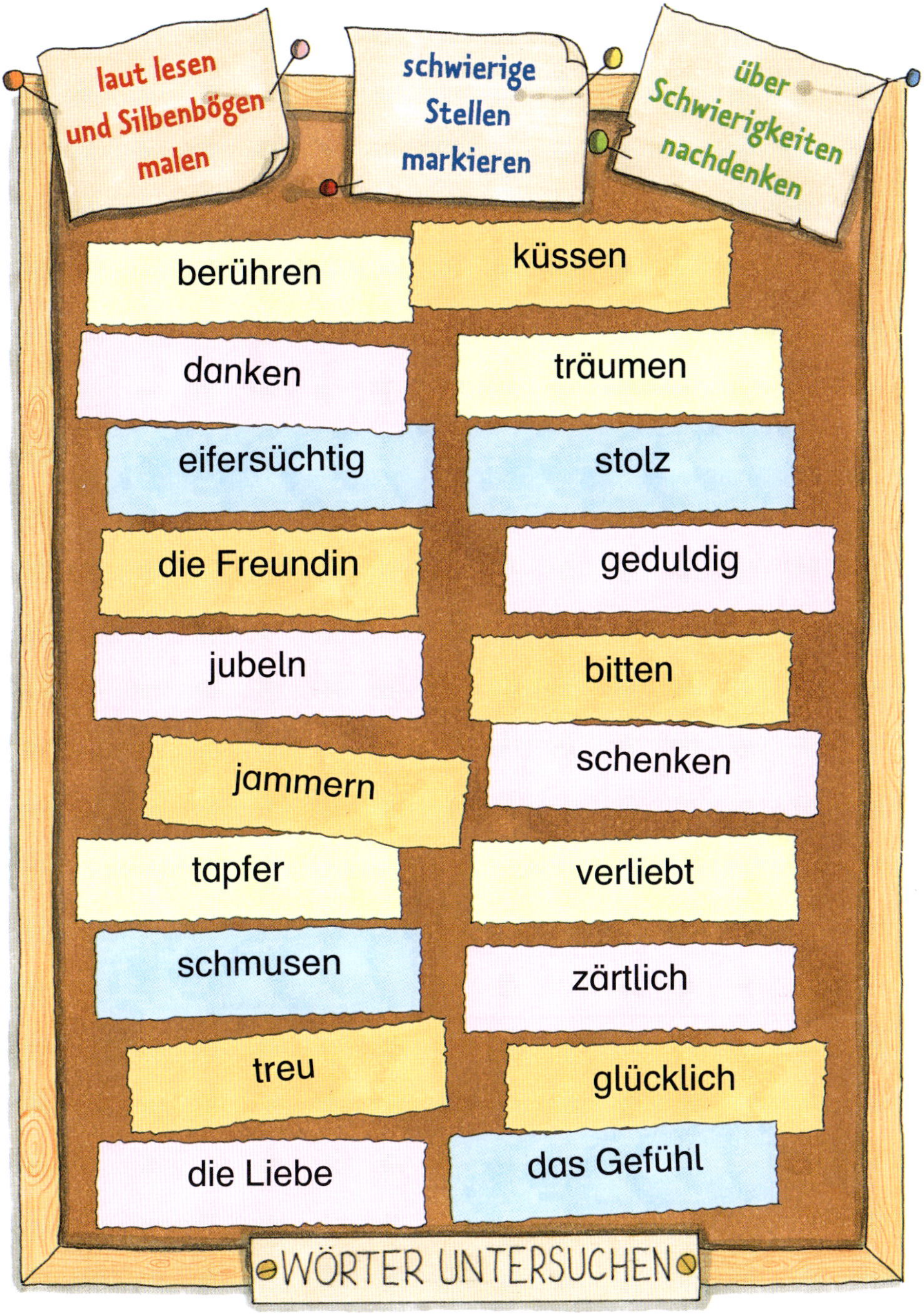

2. In einem Kreuzworträtsel werden die Wörter oft in großen Buchstaben geschrieben. Erkennst du trotzdem die Wortarten? Ordne die Wörter ein.

	E	I	F	E	R	S	Ü	C	H	T	I	G
			R							R		
			E				Ä	R	G	E	R	N
T	R	Ä	U	M	E	N				U		
			N									
			D		L	A	C	H	E	N		
			I		I			A				
T	R	E	N	N	E	N		S	T	O	L	Z
			N		B			S				
	T	R	E	U	E		G	E	W	A	L	T
			N		N			N				

Nomen: ....

....

Verben: ....

....

Adjektive: ....

....

3. Suche die Lernwörter mit den Wortbausteinen -lich und -ig am Wortende heraus. Trage sie in der richtigen Form und an der passenden Stelle ein.

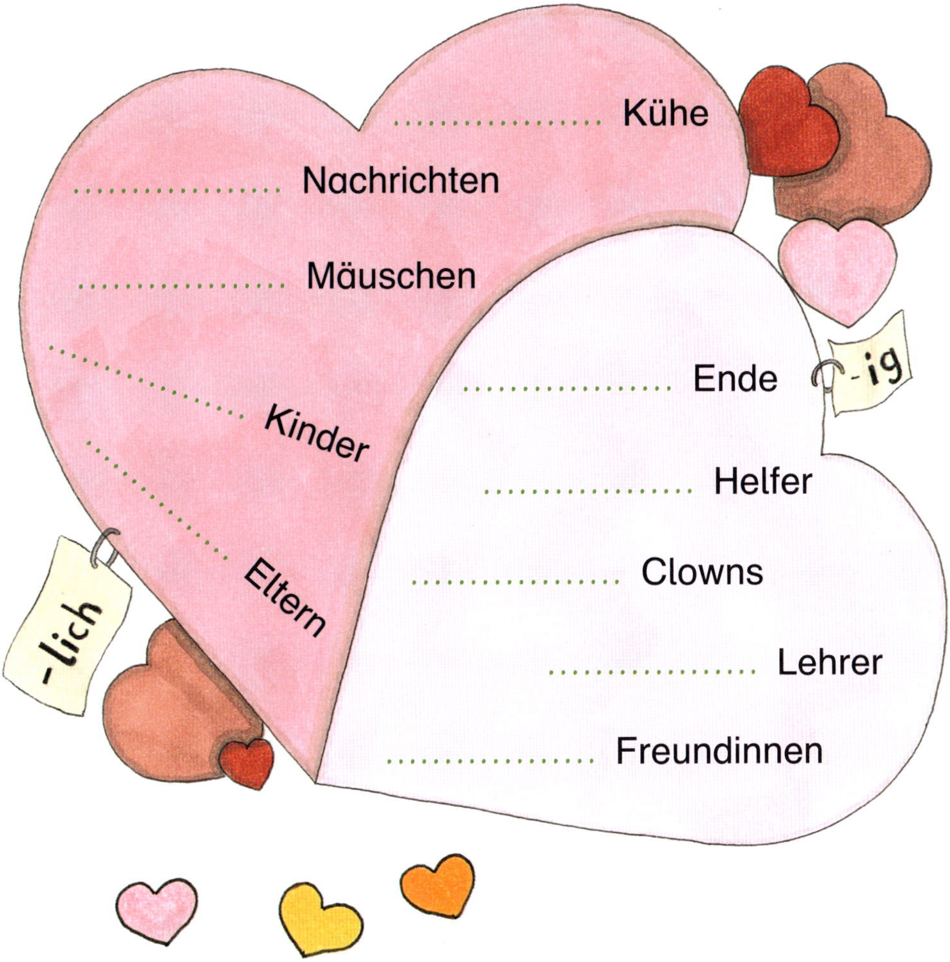

4. Markiere alle Adjektive in der Wörterliste und suche verwandte Nomen. Wenn du magst, kannst du sie zusammen aufschreiben.

Musik und Theater

aufführen
der Auftritt
auswendig

die Band
der Beifall
blasen
die Bühne
der Chor
die Dirigentin
erzählen
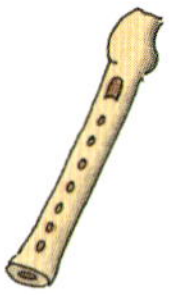
die Flöte
flüstern
die Geige

die Gitarre
hoch
klatschen
das Klavier
der Komponist
das Konzert
laut
leise
das Lied
die Melodie
das Musical

die Note
die Oper
das Orchester
die Probe
das Publikum

der Rhythmus
die Rolle
rufen
der Schauspieler
schlagen
das Schlagzeug

singen
sprechen
stottern
streichen
der Takt
tanzen
der Text
tief

der Ton
die Trommel
die Trompete
der Vorhang
vorspielen
der Zuhörer
zupfen

1. Untersuche die Lernwörter.

2. Bilde möglichst viele Zweiwortsätze. Verbinde und schreibe auf.

3. Teste dich selbst. Schreibe zu den Bildern die passenden Lernwörter auswendig auf. Kontrolliere danach in der Wörterliste. Vergiss die Artikel nicht.

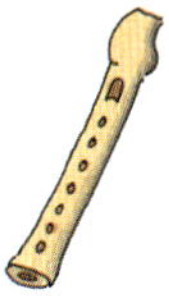

4. Es gibt Verben, bei denen sich der Wortstamm in der Vergangenheitsform verändert. Sechs dieser Verben stehen in der Wörterliste.

Natur und Garten

der Ast

der Baum

die Beere

das Beet

das Blatt

blühen

die Blume

die Blüte

der Busch

düngen

duften

die Erde

ernten

fällen

das Feld

der Fluss

die Frucht

der Gärtner

gießen

graben

das Gras

die Hecke

kahl

keimen

der Kern

die Knospe

das Laub

mähen

die Nuss

die Pflanze

pflücken

pflügen

der Pilz

reif

säen

der Samen

der Sand

der See

der Stamm

der Stängel

der Teich

das Tier

verwelken

wachsen

der Wald

das Wasser

die Wiese

die Wurzel

der Zweig

die Zwiebel

1. Untersuche die Lernwörter.

laut lesen und Silbenbögen malen

schwierige Stellen markieren

über Schwierigkeiten nachdenken

das Beet
ernten
kahl
wachsen
mähen
säen
düngen
die Knospe
gießen
die Beere
der Kern
der Stängel
die Frucht
die Wurzel
verwelken
der Wald
die Hecke
das Laub
der Stamm
duften

WÖRTER UNTERSUCHEN

2. Markiere die Lernwörter mit kurzem und langem betontem Vokal in den entsprechenden Farben. Verbinde die blau markierten in alphabetischer Reihenfolge.

3. Trage die Verben in der richtigen Form in die Tabelle ein.

graben fällen gießen blühen säen pflücken ernten

ich	er oder sie
....	....
....	....
....	....
....	....
....	....
....	....
....	....

4. In der Liste der Lernwörter sind keine Tiernamen aufgeführt. Suche im Lexikon zehn Waldtiere und zehn Gartentiere heraus. Wenn du magst, kannst du sie aufschreiben.

Schule und Unterricht

antworten
aufpassen
der Ausflug
basteln
beraten
das Buch

denken
diskutieren
erklären
der Fehler
die Ferien
forschen
fragen
der Füller
gerecht
die Gruppe
die Hausaufgabe

das Heft
die Klasse
kontrollieren
die Kreide

die Lehrerin
lesen
lernen
loben
malen
sich melden
merken
mogeln

neugierig
die Pause
rechnen
die Rücksicht
sagen
schreiben
die Schüler

die Schulleiterin
die Schultasche
schwatzen
schwierig
das Spiel

der Stift
stören
streng
die Tafel
der Test
turnen
überlegen
wissen
das Zeugnis

1. Untersuche die Lernwörter.

2. Löse das Rätsel. Jede Zahl steht für einen Buchstaben. Achte auf die Groß- und Kleinschreibung.

14, 5, 21, 7, 9, 5, 18, 9, 7 ....

11, 15, 14, 20, 18, 15, 12, 12, 9, 5, 18, 5, 14

....

19, 3, 8, 23, 1, 20, 26, 5, 14 ....

21, 14, 20, 5, 18, 18, 9, 3, 8, 20 ....

18, 30, 3, 11, 19, 9, 3, 8, 20 ....

12, 5, 8, 18, 5, 18, 9, 14 ....

19, 3, 8, 23, 9, 5, 18, 9, 7 ....

3. Suche aus den Lernwörtern je vier Wörter heraus, in denen mehrere Konsonanten hintereinander stehen. Markiere die Konsonantenhäufungen.

2 Konsonanten hintereinander

3 Konsonanten hintereinander

4 Konsonanten hintereinander

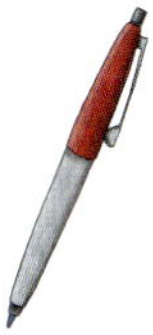

4. Es gibt Nomen, deren Form sich im Plural überhaupt nicht verändert. Suche dafür Beispiele in der Wörterliste und markiere sie.

Straße und Verkehr

abbiegen
die Ampel
aufmerksam
das Auto
die Bahn
bremsen
die Brücke
bummeln
der Bus
fahren
das Fahrrad
der Fußgänger
gefährlich
gehen
halten
der Helm
hupen
klingeln
die Kreuzung
die Kurve
langsam

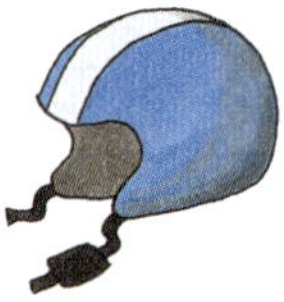

der Lastwagen
laufen
leichtsinnig
lenken
das Licht
links
das Motorrad
parken
die Polizei
rasen
rechts
rennen
die Richtung
rollen
schieben
das Schild
schnell
sicher
der Stau
das Taxi
überholen
der Unfall
verpassen
die Verspätung
vorsichtig
warten
der Weg
wenden
der Zebrastreifen

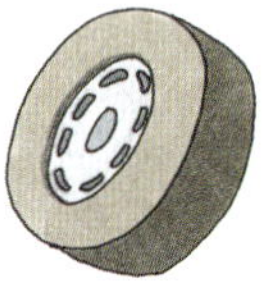

1. Untersuche die Lernwörter.

laut lesen und Silbenbögen malen

schwierige Stellen markieren

über Schwierigkeiten nachdenken

aufmerksam
die Brücke
die Kreuzung
leichtsinnig
das Motorrad
rechts
gefährlich
das Schild
vorsichtig
überholen
die Verspätung
der Zebrastreifen
das Taxi
schieben
die Polizei
die Kurve
der Fußgänger
der Unfall
verpassen
die Bahn

WÖRTER UNTERSUCHEN

2. Mache die Nomenprobe: Beginne mit jedem Wort am Start. Fahre die Spur entlang und entscheide, in welcher Richtung es weitergeht. Kreuze die Nomen an.

HELM ☐	STAU ☐	LENKEN ☐	RICHTUNG ☐
UNFALL ☐	GEFÄHRLICH ☐	WEG ☐	SCHIEBEN ☐
SCHNELL ☐	BUMMELN ☐	KURVE ☐	SICHER ☐

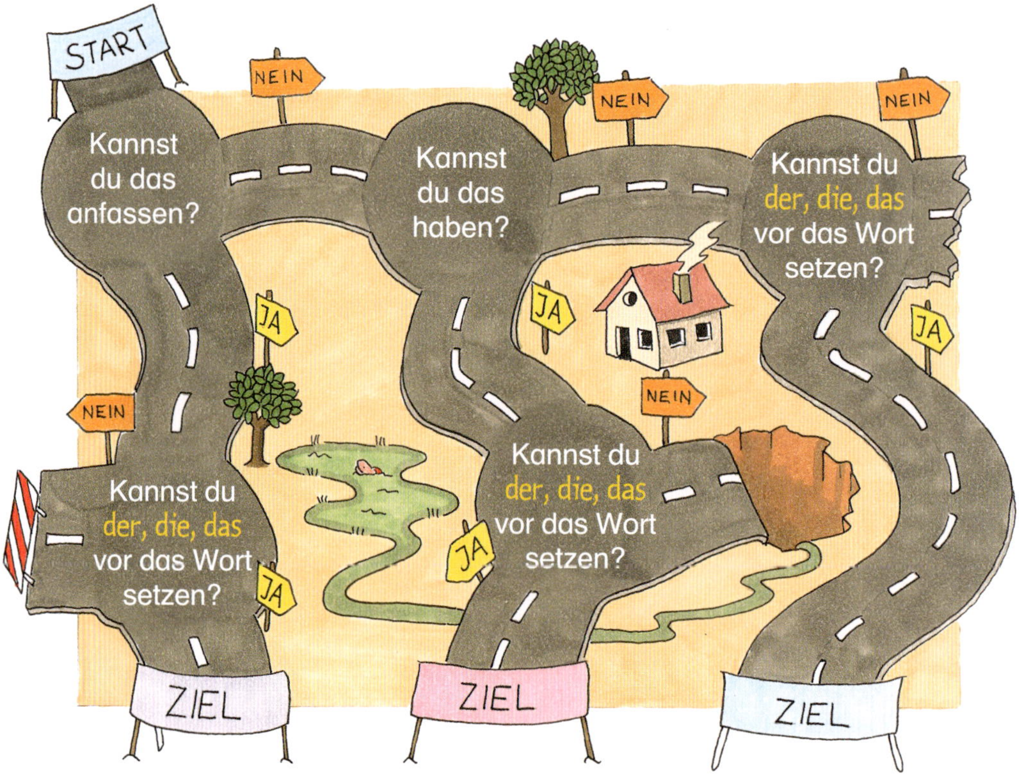

3. Mit dem Wortbaustein ab- am Wortanfang kannst du neue Wörter bilden. Schreibe die Lernwörter, mit denen das funktioniert, auf die Linien.

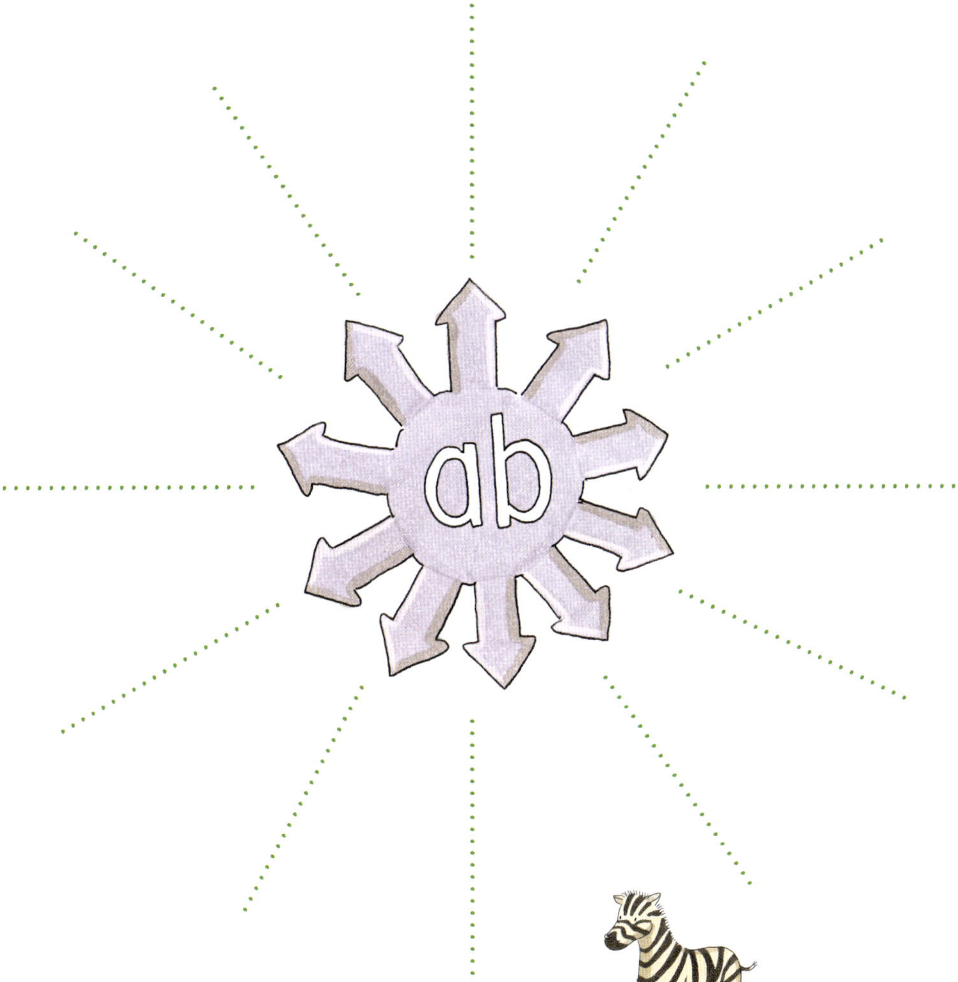

4. Aus zwei Nomen kann man ein neues zusammensetzen.
Suche solche zusammengesetzten Wörter in der Liste der Lernwörter.

Wind und Wetter

bedeckt
bewölkt
der Blitz
brausen
die Brise
der Donner
dunkel
einschlagen
das Eis
feucht
frieren
der Frost
das Gewitter
die Graupel
der Hagel

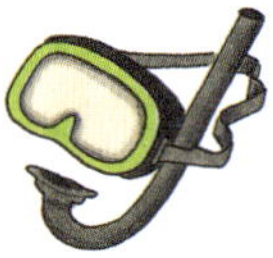

heiß
heiter
hell
der Himmel
die Hitze
kalt
krachen
kühl

die Luft
messen
nass
der Nebel
nieseln
der Orkan

pfeifen

die Pfütze
der Regen
regnen
der Reif
der Schatten
der Schnee
schneien
schwitzen
schwül

die Sonne
sonnig
der Sturm
der Tau
die Temperatur
toben
trocken
warm
wehen
windig
die Wolke

1. Untersuche die Lernwörter.

2. Welche Lernwörter passen hier? Verbinde zuerst, trage dann ein.

bewölkt

windig

heiß

kühl

nass

sonnig

schwül

trocken

die .... Kleider

die .... Terrasse

der .... Tag

eine .... Ecke

der .... Himmel

ein .... Getränk

die .... Luft

die .... Hitze

3. Trage die Lernwörter, die zur jeweiligen Wortfamilie passen, ein.

1. ....
2. der Pfiff
3. die Pfeife
4. gepfiffen

1. ....
2. gefroren
3. er friert
4. Gefrierfach

1. ....
2. das Maß
3. sie misst
4. gemessen

1. ....
2. der Einschlag
3. es schlug ein
4. er schlägt ein

4. Nach einem kurzen betonten Vokal steht oft tz. Suche die Wörter in der Wörterliste, bei denen das zutrifft. Markiere sie.

Haus und Wohnung

aufräumen
das Bad
bauen
das Bett
billig
der Boden
das Dach
das Dorf
der Fahrstuhl

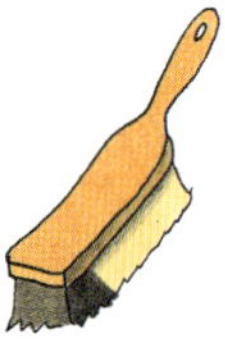

das Fenster
der Flur
die Garage
gemütlich
zu Hause
die Heizung
der Herd
das Hochhaus

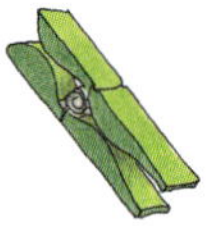

die Hütte
der Keller
die Küche

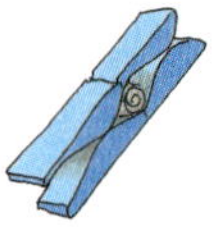

kündigen
die Lampe
die Mauer
mieten
die Möbel
der Müll
der Nachbar
der Ort
putzen

der Schlüssel
der Schrank

der Sessel
die Siedlung
das Sofa
die Stadt
das Stockwerk
der Stuhl
der Teppich
teuer
der Tisch
die Toilette

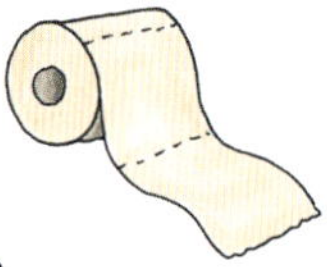

die Treppe
die Tür
umziehen
die Wand
die Waschmaschine
wohnen
der Wohnwagen
das Zelt
das Zimmer

1. Untersuche die Lernwörter.

- laut lesen und Silbenbögen malen
- schwierige Stellen markieren
- über Schwierigkeiten nachdenken

zu Hause
putzen
die Stadt
wohnen
der Nachbar
die Garage
die Heizung
mieten
der Schrank
die Siedlung
das Stockwerk
der Stuhl
die Toilette
umziehen
die Wand
das Zelt
der Herd
die Waschmaschine
das Zimmer
billig

WÖRTER UNTERSUCHEN

2. Gehe den Weg durchs Labyrinth. Schreibe nur die Wörter auf, die dir auf dem kürzesten Weg begegnen.

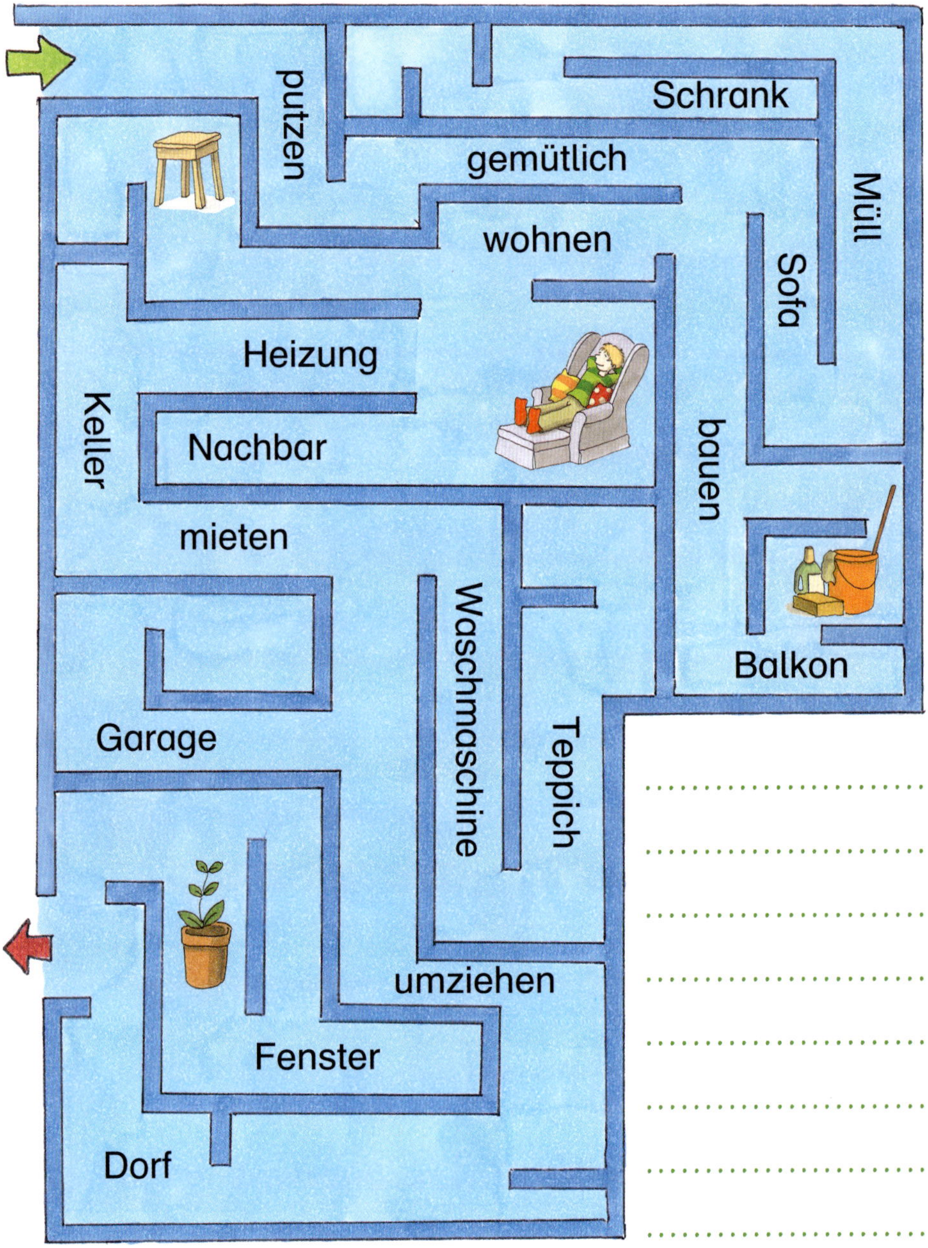

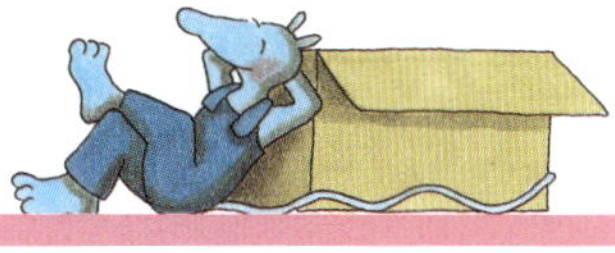

3. Suche die passenden Lernwörter zu den Bildern.
Schreibe sie auf.

4. Die Lernwörter sind alphabetisch geordnet. Es gibt nicht zu jedem Buchstaben ein Wort. Zu welchen nicht?

Kleine Lernwörter

Diese kleinen Wörter passen eigentlich zu allen Wörterlisten. Damit die Kleinen nicht vergessen werden, wurden sie hier zusammengefasst. Teste doch einmal, wie viele du davon schon sicher schreiben kannst und bei welchen du noch Fehler machst.

oben, unten, auf, unter, an, über, bei, von, in, zwischen, draußen, drinnen, links, rechts, neben, nach, gegenüber, vorne, hinten, überall, hier, dort

rot, blau, grün, gelb, schwarz, weiß, orange, lila, rosa, grau, braun, türkis, violett, pink, silbern, golden

ich, du, er, sie, es, wir, ihr, sie,
mein, mir, mich, unser, uns,
euer, euch, dein, dir, dich,
sein, ihm, ihn, ihnen, man

ab, als, bald, bis, denn, fort, ganz,
jetzt, meistens, nämlich, sehr,
trotzdem, vielleicht, plötzlich, wenn,
wann, außerdem, diese, welche,
wieder, ohne, mit, selbst, auf
einmal, dann, gar nicht, ungefähr

null, eins, zwei, drei, vier, fünf, sechs,
sieben, acht, neun, zehn, elf, zwölf,
dreizehn, vierzehn, fünfzehn,
sechzehn, siebzehn, achtzehn,
neunzehn, zwanzig, dreißig,
vierzig, fünfzig, sechzig, siebzig,
achtzig, neunzig, hundert,
tausend, eine Million, viel, wenig,
ein bisschen, etwas, nichts, mehr, einzeln, mehrere

Übungsaufgaben und Tipps

Arbeit mit der Übe-Dose

So kannst du alle Lernwörter in den Listen üben.

Dose bekleben | Zettel beschriften und aufrollen | Zettel in die Dose stecken | eine Aufgabe herausholen

Suche Wörter mit doppeltem Konsonanten (z. B. ss, ll, … aber auch tz, ck).

Suche Wortpaare (z. B. Gegensätze, Reime oder dem Sinne nach: Salz und Pfeffer).

Suche Wörter mit gleichen Endbuchstaben oder Endungen.

Welches ist das längste, welches das kürzeste Wort?

Bilde eine Wörterkette (z. B. Hals-sehen-Nase).

Suche Wörter mit Dehnungs-h.

Ordne die Wörter nach Wortarten.

Bilde verwandte Wörter (z. B. wählen – die Wahl).

Arbeit mit dem Wort

Wenn du weißt, wie ein Wort geschrieben wird, dann geht das Aufschreiben ganz automatisch. Anders ist das, wenn du unsicher bist. Dann lohnt es sich, die folgenden Schritte zu gehen:

Ich spreche mir das Wort vor. 

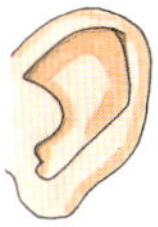

Ich höre das Wort genau ab, indem ich es noch einmal in Silben getrennt spreche (To-ma-ten-sa-lat). 

Ich überlege: 
Kann ich die Grundform des Wortes ableiten?
Kenne ich verwandte Wörter?
Kann ich das Wort verlängern?
Ist es ein Nomen?

Ich schreibe das Wort und spreche leise mit. 

Ich kontrolliere das Wort Buchstabe für Buchstabe. 

Lösungen

Seite 12/13

2. arm, Büro, reich, fertig, trödeln, streiken, Werkstatt, Handwerker
Das längste Wort ist: beschäftigen.

3. arbeiten/die Arbeit/arbeitslos, (sich) beschäftigen, (sich) erholen, der Job, die Kündigung, leisten, ordentlich, reparieren, streiken, verdienen

4. arbeiten, beschäftigen, erholen, faulenzen, herstellen, können, leisten, reparieren, streiken, trödeln, verdienen

Seite 16/17

2. Nomen: das Mehl, die Butter, das Ei, die Tasse, der Tee, der Geschmack, die Milch, der Käse, die Marmelade, die Wurst, der Zucker, das Salz
Verben: backen, probieren, frühstücken, essen
Adjektive: sauer (2x), fett, süß

3. mager – fett, süß – sauer, süß – bitter, scharf – mild, der Hunger – der Durst, essen – trinken

4. der Durst – durstig, das Fleisch – fleischig, das Glas – glasig, der Hunger – hungrig, der Käse – käsig, das Mehl – mehlig, die Milch – milchig, der Saft – saftig, das Salz – salzig, die Wurst – wurstig, der Zucker – zuckrig/zuckerig

Seite 20/21

2. Familie, erwachsen, zusammen, Kusine, ähnlich, verheiratet, erinnern
Lösungswort: Familie

3. ver-: verheiratet, verschieden, versorgen, vertrauen, verwandt
zu-: zusammen
Ge-: die Geschwister
er-: erinnern, erwachsen, erziehen
Vor-: der Vorfahre

4. erinnern, der Mann, die Mutter, die Stiefmutter, zusammen, die Zwillinge

Seite 24/25

2. sie schnurrt – schnur-ren – rr, er schwimmt – schwim-men – mm, er bellt – bel-len – ll, er frisst – fres-sen – ss, er knurrt – knur-ren – rr

Der Hund bellt, die Katze schnurrt, der Fisch schwimmt, das Kaninchen frisst, der Hund knurrt.
Du kannst aber auch andere Sätze zusammenstellen.

3. ein Schwanz – viele Schwänze, ein Vogel – viele Vögel,
ein Schnabel – viele Schnäbel, eine Maus – viele Mäuse,
ein Hahn – viele Hähne, eine Kuh – viele Kühe, ein Huhn – viele Hühner

4. -er: die Feder, das Futter, der Hamster
-el: der Flügel, der Schnabel, der Vogel

Seite 28/29

2. die Kultur, der Sport, das Kino, wahr, richtig, treffen, 3/2/1
die Musik, der Star, falsch, interessant, ansagen, 2/2/1
der Computer, kritisch, aktuell, beliebt, mailen, 1/3/1

3. Ob du öfter Radio hörst, das Buch weniger oft aufschlägst, den Fernseher nie anschaltest oder immerzu telefonierst, weißt du am allerbesten selbst.

4. chatten: kommt eigentlich von to chat – plaudern; chatten heißt im Internet mit anderen Menschen Meinungen austauschen.
Computer: programmgesteuerte, elektronische Rechenanlage, Rechner
E-Mail: elektronische Post
Handy: heißt eigentlich praktisch; in Amerika und England heißt das Handy aber nicht Handy, sondern mobile phone.
Internet: Internationales Computernetzwerk
Interview: eine Befragung bekannter Persönlichkeiten
mailen: eine Nachricht/E-Mail per Computer verschicken
Reporter: Berichterstatter für Radio, Fernsehen oder Zeitung
Star: eigentlich Stern, berühmte Persönlichkeit
surfen: eigentlich Wellen reiten, im Internet Informationen einholen
Talkshow: eigentlich to talk – sprechen und show – Vorstellung
Video: Kurzform von Videofilm, Videoband
Bei vielen dieser Wörter merkst du überhaupt nicht mehr, dass sie aus dem Englischen kommen, so gebräuchlich sind sie im Deutschen geworden.

Seite 32/33

2. der Mai (er hat nur drei Buchstaben) oder der Februar (er hat nur 28 oder 29 Tage), die Gegenwart, heute, Juni und Juli, der Donnerstag, spät, der Frühling

3. dienstags/der Dienstag, mittwochs/der Mittwoch, samstags/der Samstag, sonntags/der Sonntag, die Nacht/nachts, der Mittag/mittags, der Morgen/morgens, der Abend/abends

4. nach-: nachmittags
Vor-/vor-: der Vorfrühling, vorgestern, das Vorjahr, vormittags, der Vormonat, der Vortag, die Vorvergangenheit, die Vorwoche, die Vorzeit

Seite 36/37

2. Waagerecht: 1. schmutzige, 2. weit, 3. Wolle, 4. Tuch, 5. Rock, 6. nähen, 7. Hemd
Senkrecht: 1. schneiden, 2. weich, 3. Unterwäsche, 4. Pulli, 5. Hose, 6. Nadel

3. stricken + der Rock = der Strickrock, tragen + die Tasche = die Tragetasche, nähen + die Nadel = die Nähnadel, die Wolle + der Pulli = der Wollpulli, stricken + die Nadel = die Stricknadel, die Hose + der Knopf = der Hosenknopf, der Mantel + die Tasche = die Manteltasche.
Du kannst auch noch ganz andere Wörter bilden.

4. Der Gürtel, der Mantel, die Nadel, der Stiefel sind Nomen.

Seite 40/41

2. Wunde (ist kein Adjektiv), Zahn (ist kein Verb), Verband (ist kein Körperteil), Ohren (steht im Plural), Haare (ist kein einsilbiges Wort), riechen (ist kein Nomen), Medizin (hat nicht „t“ als letzten Buchstaben)

3. die Hand, die Hän-de, also am Ende d
der Verband, die Ver-bän-de, also mit d
der Mund, die Mün-der, also am Ende d
der Hals, die Häl-se, also am Ende s
der Schmerz, die Schmer-zen, also am Ende z
gesund, ge-sün-der, also am Ende mit d

4. das Fieber, das Knie, liegen, riechen, fühlen, das Ohr, der Zahn (Das h in „sehen“ ist ein Silben trennendes h.), die Haare

Seite 44/45

2. Nomen: die Freundinnen, die Gewalt, der Stolz*, die Treue.
Verben: ärgern, hassen, lachen, lieben, träumen, trennen.
Adjektive: eifersüchtig, stolz*, treu, verliebt. (*Es hängt von der Groß- oder Kleinschreibung ab, wo du diese Wörter einordnest.)

3. -lich: ängstlich, friedlich, fröhlich, glücklich, schrecklich, zärtlich glückliche Kühe, schreckliche Nachrichten, ängstliche Mäuschen, fröhliche Kinder, zärtliche Eltern. -ig: eifersüchtig, geduldig, lustig, mutig, traurig trauriges Ende, mutige Helfer, lustige Clowns, geduldige Lehrer, eifersüchtige Freundinnen

4. ängstlich – die Angst, böse – die Bosheit, eifersüchtig – die Eifersucht, einsam – die Einsamkeit, enttäuscht – die Enttäuschung, friedlich – der Friede, fröhlich – die Fröhlichkeit, geduldig – die Geduld, glücklich – das Glück, lustig – die Lust, mutig – der Mut, neidisch – der Neid, schrecklich – der Schrecken, schüchtern – die Schüchternheit, stolz – der Stolz, tapfer – die Tapferkeit, treu – die Treue, traurig – die Traurigkeit, verliebt – die Liebe, wütend – die Wut, zärtlich – die Zärtlichkeit

Seite 48/49

2. sie/er/ihr ruft, sie/er/ihr singt, sie/er/ihr stottert, sie/er/ihr klatscht, sie/er/ihr tanzt, sie/er/ihr erzählt, sie/wir rufen, sie/wir singen, sie/wir stottern, sie/wir klatschen, sie/wir tanzen, sie/wir erzählen, ich/sie/er stotterte, ich/sie/er klatschte, ich/sie/er tanzte, ich/sie/er erzählte, sie/wir stotterten, sie/wir klatschten, sie/wir tanzten, sie/wir erzählten, ich rufe, ich singe, ich stottere, ich klatsche, ich tanze, ich erzähle, ich stotterte, ich klatschte, ich tanzte, ich erzählte, du rufst, du singst, du stotterst, du klatschst, du erzählst

3. die Band, die Geige, der Vorhang, die Flöte, der Chor, die Trommel, das Klavier, die Note

4. blasen/blies, rufen/rief, schlagen/schlug, singen/sang, sprechen/sprach, streichen/strich

Seite 52/53

2. Kurzer betonter Vokal: der Ast, das Blatt, fällen, die Hecke, die Knospe, die Nuss, pflücken, der Pilz, der Stamm, die Wurzel Langer Vokal: die Beere, das Beet, die Blume, die Blüte, gießen, graben, kahl, mähen, pflügen, der Samen, der See, das Tier, die Wiese, die Zwiebel

3. ich blühe – er/sie blüht, ich ernte – er/sie erntet, ich fälle – er/sie fällt, ich gieße – er/sie gießt, ich grabe – er/sie gräbt, ich pflücke – er/sie pflückt, ich säe – er/sie sät

4. Uns gefallen diese Tiere am besten. Waldtiere: der Fuchs, das Reh, der Hirsch, der Dachs, die Eule, der Marder, der Specht, der Wolf Gartentiere: der Igel, der Maulwurf, die Amsel, der Regenwurm, der Schmetterling, der Marienkäfer, die Meise, die Schnecke

Seite 56/57

2. neugierig, kontrollieren, schwatzen, Unterricht, Rücksicht, Lehrerin, schwierig

3. 2 Konsonanten hintereinander: aufpassen, basteln, bewerten, Buch, denken, diskutieren, Fehler, fragen, Füller, Gruppe, Hausaufgabe, Heft, Klasse, Kreide, Lehrerin, melden, merken, mogeln, Spiel, Stift, stören, Test, turnen, überlegen, wissen, Zeugnis. 3 Konsonanten hintereinander: antworten, Ausflug, erklären, gerecht, kontrollieren, Pflicht, rechnen, Rücksicht, Schüler, Schulleiterin, Schultasche, streng, Unterricht. 4 Konsonanten hintereinander: forschen, schreiben, schwatzen, schwierig

4. der Fehler – die Fehler, der Füller – die Füller, der Schüler – die Schüler. (Die Ferien gibt es immer nur im Plural und das ist gut so!)

Seite 60/61

2. Nomen sind: der Helm, der Stau, die Richtung, der Unfall, der Weg, die Kurve

3. ab-: (abbiegen), abbremsen, abbummeln, abfahren, abgehen, abhalten, ablaufen, ablenken, abrollen, abschieben, abwarten, abwenden

4. der Fußgänger, der Lastwagen, das Motorrad, der Zebrastreifen. (Fahrrad ist zwar ein zusammengesetztes Nomen, es wird aber aus einem Verb und einem Nomen zusammengesetzt.)

Seite 64/65

2. die nassen Kleider, die sonnige Terrasse, der heiße Tag, eine windige Ecke, der bewölkte Himmel, ein kühles Getränk, die trockene Luft, die schwüle Hitze. Vielleicht hast du auch andere Kombinationen gefunden.

3. pfeifen, frieren, messen, einschlagen

4. der Blitz, die Hitze, die Pfütze, schwitzen

Seite 68/69

2. putzen, gemütlich, wohnen, Heizung, Keller, mieten, umziehen, Dorf

3. der Fahrstuhl, die Mauer, der Flur, das Dorf, das Zimmer, der Herd, das Fenster

4. Es fehlen Wörter mit C, E, I, J, Q, R, V, X und Y.

Fachbegriffe

Selbstlaut	Vokal	a, e, i, o, u
Mitlaut	Konsonant	b, c, d, f, ...
Doppellaut	Zwielaut/ Diphthong	ei, ai, au, äu, eu

Wortarten

Namenwort	Nomen/ Substantiv	Hahn
Begleiter	Artikel	der / ein Hahn
Einzahl	Singular	ein Hahn
Mehrzahl	Plural	viele Hähne
Fälle:		
1. Fall	Nominativ	der Hahn
2. Fall	Genitiv	des Hahnes
3. Fall	Dativ	dem Hahn
4. Fall	Akkusativ	den Hahn

Tunwort/Tuwort	Verb	krähen
Grundform	Infinitiv	krähen
Gegenwart	Präsens	er kräht
Zukunft	Futur	er wird krähen
1. Vergangenheit	Präteritum/ Imperfekt	er krähte
2. Vergangenheit	Perfekt	er hat gekräht

Wiewort/ Eigenschaftswort	Adjektiv	der **stolze** Hahn
Fürwort	Pronomen	**er** kräht
Umstandswort	Adverb	er kräht **bald**
Verhältniswort	Präposition	**auf** dem Mist
Bindewort	Konjunktion	der Hahn **und** der Mist

Satzglieder

Satzgegenstand	Subjekt
Satzkern	Prädikat
Ergänzung Ergänzung im 2. Fall Ergänzung im 3. Fall Ergänzung im 4. Fall	Objekt Genitivobjekt Dativobjekt Akkusativobjekt
Umstands-bestimmung	adverbiale Bestimmung